Definiciones básicas de derecho para estudiantes y opositores

Ilustraciones y diseños propios generados mediante I.A y programas de edición.

Reservados todos los derechos. No se permite la reproducción total o parcial de esta obra, ni su incorporación a un sistema informático, ni su transmisión en cualquier forma o por cualquier medio (electrónico, mecánico, fotocopia, grabación u otros) sin autorización previa y por escrito del titular del copyright. La infracción de dichos derechos puede constituir un delito contra la propiedad intelectual.

Madrid, España.

© 2024 Michael Ferreira.

Contenido

Introducción y biografía. 8
Términos básicos. 15
   Acto administrativo 15
   Acto ejecutivo... 16
   Acuerdo:.. 17
   Administración Pública 18
   Arbitraje: 18
   Audiencia:.. 19
   Bienes: 19
   Buena Fe: 20
   Boletín Oficial del Estado (BOE): 20
   Buen gobierno:....................................... 22
   Capacidad Jurídica: 23
   Capacidad de obrar: 25
   Caducidad:... 25
   Citación: 25
   Consentimiento: 26
   Culpabilidad: 26
   Comisión de Delito: 27
   Comisión de flagrante delito o en flagrancia: 27
   Conciliación:... 28
   Convenio: 29
   Decretos-Ley:... 29

Decretos Legislativos: 30
Derecho: 31
Derecho Administrativo: 32
Derecho fundamental: 33
Descentralización 33
Desconcentración: 34
Desistimiento: 35
Diligencias Previas: 36
Día hábil: 36
Día inhábil 37
Día natural: 37
Discapacidad: 38
Eficiencia 38
Eficacia 38
Estado: 39
Estado de derecho: 40
Entidad: 40
Equidad: 41
Expropiación: 41
Fuerza Mayor: 42
Hecho Imponible: 42
Igualdad: 43
Inadmisión: 43
Indemnización: 44
Incapacidad: 44

Incomparecencia: 45
Informe preceptivo: 45
Infracción: 45
Interesado: 46
Irretroactividad: 47
Juez: 48
Justicia: 48
Jurisdicción 48
Jurisprudencia: 49
Legislación: 49
Legitimación: 49
Lesividad: 50
Leyes estatales 50
Leyes orgánicas: 50
Leyes ordinarias: 51
Leyes autonómicas: 51
Libertad: 51
Mandato: 52
Mediación: 52
Medio electrónico: 52
Mérito: 53
Medidas cautelares o preventivas: 54
Notificación: 54
Negligencia: 55
Nulidad: 55

MICHAEL FERREIRA

Ordenanzas 55
Órgano: 55
Organización territorial: 56
Perjuicio: 57
Persona natural: 58
Persona jurídica o moral: 58
Poderes públicos: 59
Plazo: 59
Pluralismo político: 60
Prescripción: 60
Ratificación: 61
Real decreto: 61
Recurso de Amparo 61
Recurso de alzada: 62
Recurso potestativo de reposición: 63
Recurso extraordinario de revisión: 64
Recurso contencioso administrativo 68
Reglamento: 68
Resolución administrativa: 69
Resolución Judicial: 69
Retroactividad: 69
Renuncia: 70
Sanción: 70
Soberanía: 71
Supra nacional o supra constitucional: 71

Término:..72
Pirámide de jerarquía de las leyes en España y político territorial..................................76

Introducción y biografía.

Este pequeño libro nace de mi pasión por el derecho y la administración pública, me he formado para trabajar en ella, ya que creo en la vocación de servicio y en como desde la administración pública podemos mejorar la vida de las personas y hacerla un poco más fácil. En el poco tiempo que llevo en España, el cual he dedicado una parte de mi tiempo para opositar, ya que soy ciudadano comunitario, me he encontrado con unas oposiciones de auxiliar administrativo y administrativo, altamente cargados de legislación, es decir, conocimientos muy técnicos que exige la propia materia, pero con unas exigencias de titulación de la secundaria o el bachillerato, estoy seguro que muchos como yo, tendrán ya titulaciones superiores, pero buscan de alguna manera hacerse un hueco en este mundo, pero me pregunto: Si una persona que oposita, no es Abogado o del área ¿Cómo hace para aprender todas estas definiciones técnicas? Por esta razón, he diseñado este manual, pensando en un enfoque práctico con ejemplos del día a día y que sea accesible de comprender, en él, recopilo una serie de términos que he observado con frecuencia en mi propio estudio, y otros que considero son básicos y necesarios de comprender para iniciar con un mínimo en esta carrera de fondo llamada <oposición>.

A lo largo de este libro encontrarás más de 50 definiciones de términos usados en el derecho y las administraciones públicas, además en tu día a día, están ordenadas de forma alfabética, como si fuese un glosario, pudiendo encontrar términos relacionados uno detrás de otro o quizá más adelante, pero no te preocupes, me asegurare de que entiendas cada uno de forma fácil y sencilla. Te encontrarás la definición del término y luego una explicación desde mis palabras más prácticas con sus ejemplos.

Espero te sea de ayuda y ¡Mucho éxito en tu camino hacia la consecución de tus objetivos!

¿Quién soy? Mi nombre es Michael Ferreira, soy Abogado graduado en la Universidad Bicentenaria de Aragua, Venezuela. A lo largo de mi corta vida he sido profesor en áreas de derecho, oratoria, geografía nacional e internacional, así como en aspectos básicos de economía para adolescentes, a través de una ONG que llegue a coordinar en Venezuela. A la edad de 22 años empecé a trabajar en la administración pública como cargo eventual o de libre designación en el gobierno regional de Miranda (Comunidad Autónoma), ejercí como coordinador de procesos de un programa educativo para secundaria y bachillerato, a su vez que dicté talleres de formación para profesores sobre la Ley de Protección a menores y cambios sustanciales que se iban dando con las reformas de las leyes educativas. Posteriormente realice estudios avanzados en gestión política y gerencia pública con la Universidad Católica Andrés Bello en conjunto con la George Washington y el Banco de América Latina (CAF), así como el componente docente en la Universidad Pedagógica Experimental del Libertador.

Dos años luego, al terminar mi tiempo de personal eventual por cambios políticos y de administración en el gobierno regional, empecé a trabajar como Abogado en la Contraloría del Municipio Los Salias, lo que aquí en España sería una especie de Tribunal de Cuentas, pero para entidades locales, en donde se desarrollan actividades de investigación e inspección referentes a procesos de contratación, cumplimiento de normativas externas e internas de los poderes públicos municipales, entre otras.

En el año 2019 debido a la profunda crisis de Venezuela, decido emigrar a España, siendo admitido en la Universidad Complutense de Madrid para estudiar el Máster de Gobierno y Administración Pública con una beca, y a su vez, como cualquier otra persona que viaja con una maleta llena de sueños y esperanzas, buscar mejores oportunidades de vida y crecimiento profesional.

Canal de YouTube

MICHAEL FERREIRA

Términos básicos.

Acto administrativo: Toda manifestación o declaración emanada de la administración pública en el ejercicio de sus potestades administrativas, mediante el que impone su voluntad sobre los derechos, libertades e intereses de otros sujetos públicos y privados.

Las administraciones públicas para cumplir sus fines deben emanar actos, esos actos son los documentos que realiza en todos sus niveles, dígase crear una ley, un reglamento, colocar una multa, dar un permiso de construcción, inclusive el certificado de empadronamiento es un acto administrativo.

Acto ejecutivo: Manifestación o declaración emanada de la administración pública en el ejercicio de sus potestades, con la diferencia de que los actos ejecutivos proceden como su nombre lo indica a "ejecutar".

Acá lo importante es entender que para que el acto sea ejecutivo es que ya ha transcurrido un procedimiento administrativo, la resolución final (acto administrativo) nos estipulará si se puede colocar algún recurso o que este agota la vía administrativa, de ser el caso quiere decir que el documento es ejecutivo, por ende, procede a ejecutarse lo así estipulado, por ejemplo: un cobro de una multa con apremio, donde te embargan el dinero directamente de tu cuenta bancaria.

¡Ejecútese!

Acuerdo: Decisiones de un órgano administrativo a lo largo de la tramitación de un procedimiento administrativo y siempre anteriores a la resolución.

Este concepto se puede dar en varias circunstancias, la primera que el órgano acuerde ampliar un plazo, o realizar una prueba, o notificar un tercero, por otro lado, puede existir un acuerdo entre partes y la administración, dependiendo del procedimiento, consiguen resolver el asunto sin llegar al final del mismo, pues ese acuerdo será la resolución final, lo importante es entender el contexto de lo que estemos trabajando o leyendo para entender a que va referido ese acuerdo.

Administración Pública: Conjunto de organismos y entidades que gestionan los asuntos públicos, a través de sus funciones administrativas, para satisfacer el interés público y general y lograr los fines del Estado.

Entre los ejemplos a citar tenemos: un Ministerio, una Consejería de una Comunidad Autónoma, un Ayuntamiento.

Arbitraje: Procedimiento para resolver conflictos fuera de los tribunales, a través de un árbitro.

Los arbitrajes son procedimientos extrajudiciales de resolución de conflictos, en donde dos personas deciden someterse ante la jurisdicción de un árbitro o árbitros y que ellos decidan, siendo vinculante la decisión, estos procesos se usan para evitar tener que ir a un tribunal con todos los gastos y tiempos que ello implica.

Audiencia: Acto procesal donde las partes exponen sus argumentos ante un juez o ante órgano administrativo.

Esto puede ser en una audiencia preliminar en un juicio civil o cuando estamos inmersos en un procedimiento administrativo y el órgano que lleva el procedimiento cita a los interesados para que expongan sus argumentos.

Bienes: Cosas susceptibles de ser apropiadas y tener un valor económico, dentro de ellas tenemos bienes muebles e inmuebles.

Los muebles: Un coche, una joya, el móvil.

Los inmuebles: una casa, un terreno.

Buena Fe: Actitud de honradez y lealtad en el cumplimiento de los deberes y derechos.

Comprar un bien sin conocer que tiene un gravamen o venderlo sabiendo que se encuentra en regla y no traerá consecuencias al comprador.

Boletín Oficial del Estado (BOE): Publicación oficial del Gobierno de España donde se recogen leyes, decretos y otras disposiciones.

Cuando hay leyes nuevas, reformas parciales de leyes o decretos, nombramientos, entre otras, deben publicarse de manera obligatoria en el BOE para que surta efecto y entre en vigor (es decir que se empiece a usar), el nombre del BOE puede variar por países, por ejemplo, en Venezuela, se le llama Gaceta Oficial.

Como dato adicional te comento que respecto a la publicación de una ley, puede existir dos aristas, la primera que la ley estipule que entre en vigor al día siguiente de su publicación o que estipule una **vacatio lex**, es decir, se pública la norma, pero ella misma estipula que no entra en vigor hasta dentro de un tiempo determinado, ya que es necesario que ciertos colectivos adapten o actualicen una determinada cosa para poder aplicarla correctamente, entonces se deja un tiempo de adaptación, ejemplo de ello es cuando en un país se actualiza las bases del IVA y se da un tiempo para que las empresas puedan adaptar las cajas registradoras, contabilidad, etc, al nuevo formato.

Buen gobierno: Acomodación de la actividad desarrollada por las administraciones públicas y organismos de ellas dependientes, así como otros organismos públicos en lo que concierne a sus actividades administrativas, a los principios de transparencia, dedicación al servicio público, imparcialidad, igualdad y corrección en el trato a los ciudadanos, responsabilidad, reserva, así como el respeto a los derechos fundamentales y libertades públicas.

Es España existe la ley 9/2013 y otros reales decretos, los cuales establecen y desarrollan esos principios de transparencia, acceso a la información, atención al ciudadano, mecanismos de participación, entre otros.

Capacidad Jurídica: Aptitud de una persona para ser titular de derechos y obligaciones.

En muchos casos te conseguirás la expresión capacidad jurídica propia o plena, las cuales quieren decir lo mismo en el sentido del derecho, significa que pueden representarse a sí misma, y contraer derechos y obligaciones ante terceros, la legislación española si bien lo diferencia y asigna la capacidad propia paras las provincias y la plena para los municipios, ambas entidades locales pueden contraer derechos y obligaciones frente terceros.

La capacidad en el caso de las personas naturales, es decir, nosotros como ser humano, decimos que es progresiva, ya que al momento de nacer ya somos reconocidos como persona, tenemos capacidad jurídica y ser titular de derechos, y a medida que vamos creciendo con los años, vamos adquiriendo más derechos y deberes, ejemplo: un recién nacido puede tener una cuenta bancaria al nacer pero no usarla, a los 14 años puede ser escuchado en audiencia o recibir una notificación, puede ser penalmente responsable también, a los 18 años adquiere el derecho al voto y al ser mayor de edad ya tiene cumplimiento total de deberes también, obviamente hay excepciones respecto al ejercicio de derechos y deberes de una persona por situaciones personales, dígase una discapacidad u otras.

Capacidad de obrar: siguiente el argumento anterior, la capacidad de obrar es justamente el ejercicio de derechos y obligaciones de la que es titular una persona, pero que podrá ejercer o no en función de sus circunstancias personales.

Caducidad: Extinción de un derecho o acción por no ejercerse dentro del plazo establecido.

Ejemplo: Caducidad de un plazo para reclamar una garantía.

Citación: Notificación formal a una persona para que comparezca ante un tribunal o autoridad.

Ejemplo: Citación a un testigo para declarar en un juicio.

Consentimiento: Aceptación libre y voluntaria de una oferta o propuesta.

Ejemplo: Dar consentimiento para un tratamiento médico o el tratamiento de datos personales por parte de una entidad pública o empresa privada.

Culpabilidad: Condición de ser responsable de un delito o falta contraría a derecho, de forma deliberada (con intención), por negligencia (descuido) o por omisión (dejar de hacer a sabiendas de lo que puede pasar).

Ejemplo: Ser declarado culpable de un delito de robo.

Comisión de Delito: Acto de realizar una conducta tipificada como delictiva.

Ejemplo: El robo de un banco.

Aquí me gustaría comentarte que el ordenamiento jurídico español, así como el italiano, francés, portugués y todos los países de Hispanoamérica, provienen del derecho romano, lo que denominamos derecho positivo, es decir, que todo debe estar por escrito, no me pueden impugnar un delito que no este escrito en el código penal o normativa, hay una frase usada en derecho denominada "Nulla poena sine lege", que quiere decir: "No hay pena sin ley".

Comisión de flagrante delito o en flagrancia: Igualmente que el concepto anterior, pero con el inciso del flagrante, es decir, en el acto, no es lo mismo que robes y te atrapen a las semanas, a que te pillen robando en el momento, este término lo encontrarás en varias partes de la constitución para altos cargos como los diputados o el defensor del pueblo, deben encontrarse en flagrante delito, que los pillen en el acto realizando una conducta delictiva.

Conciliación: Al igual que el arbitraje, es un procedimiento extrajudicial para resolver un conflicto mediante acuerdo entre las partes.

Ejemplo: Un acuerdo laboral alcanzado antes de ir a juicio, el acuerdo resuelve el problema y se evitan ir a juicio.

Convenio: Acuerdo de dos o más partes para crear, transferir, modificar o extinguir obligaciones.

Ejemplo de ello y más común, son los convenios colectivos de determinados sectores para garantizar derechos y obligaciones entre empresas y trabajadores, como puede ser el convenio de despachos y oficinas, también en el área pública existen estos convenios para el personal laboral, entre la administración pública y sus trabajadores en régimen laboral.

Decretos-Ley: Norma con rango de ley, emanada del poder ejecutivo, sin que tenga la medida de intervención o autorización del congreso, parlamento, asamblea nacional. En España se le conoce como Real Decreto (lo Real proviene de que es expedido por el Rey pese de ser acordado por el gobierno).

Un decreto ley se encuentra por debajo de una ley orgánica u ordinaria, pero tiene más peso que un reglamento.

Decretos Legislativos: es una norma jurídica con rango de ley ordinaria emanada por el poder ejecutivo (gobierno) en virtud de una delegación efectuada por el poder legislativo, es decir, el congreso puede para determinados puntos, mediante delegación permitir que el gobierno realice leyes, esta delegación se hace mediante una ley de bases la cual fija los límites que tiene el gobierno para "legislar" en determinado asunto, ya sea para elaborar textos articulados o elaborar textos refundidos (recopilar distintas leyes parecidas y esparcidas para unificarlo en una sola norma).

También conocido como Real Decreto Legislativo, en la jerarquía de leyes, estaría por debajo del Real decreto, pero encima de los reglamentos, ordenanzas, etc.

Derecho: Conjunto de principios y normas que vienen a regular la conducta humada en una sociedad en un momento, tiempo y espacio determinado.

Decimos que el derecho es cambiante, ya que se va actualizando con el tiempo y a medida que las sociedades avanzan o cambian, el derecho buscará actualizarse a estos cambios para regular y ordenar todo lo nuevo que va sucediendo en el día a día. Muchas veces estos cambios pueden venir con demora, ya que recordemos que el derecho no se actualiza por sí mismo, sino que depende de un poder legislativo para actualizar las normas.

Derecho Administrativo: Rama del derecho que regula la actividad de la Administración Pública, dicha regulación puede ser entre la administración y los administrados (ciudadanos) y entre administraciones (forma de relacionarse el gobierno con los ayuntamientos por ejemplo y como se coordinan).

El derecho administrativo, a mi perspectiva es de las ramas más amplias del derecho y transversales, ya que te las encontraras en otras ramas del derecho.

Ejemplos: Las leyes que regulan la contratación pública, las ordenanzas de los municipios para regular los ruidos, el procedimiento administrativo en sí mismo, registrar un documento, solicitar una apostilla, etc, todo esto es derecho administrativo.

Derecho fundamental: Derechos básicos elementales que tiene una persona en una sociedad, estos derechos vienen consagrados y estipulados en la constitución nacional y luego mediante leyes orgánicas se irán desarrollando para su efectivo cumplimiento y aplicación.

Descentralización: Consiste en trasladar la titularidad de una competencia que tiene un organismo público a otra Entidad Pública, ejemplo:

el Estado transfiere la competencia de sistema ferroviario de cercanías a cada Comunidad Autónoma para que ahora sean ellas quienes lo gestionen, eso sí, la descentralización conlleva la entrega de los recursos pertinentes para su ejecución.

Desconcentración: supone traspasar la titularidad de una competencia a otro órgano dentro de la misma entidad (misma persona jurídica), cabe destacar que en la desconcentración es requisito que exista dependencia jerárquica entre quien desconcentra la competencia y quien la recibe.

Les compartiré un ejemplo muy claro y cercano para entenderlo mejor, supongamos que soy el encargado de hacer la compra semanal de la casa (titular de la competencia), la próxima compra le doy el dinero a mi hijo/a para que vaya a realizar la compra, en este caso estoy desconcentrando, ya que, dentro de mi núcleo familiar, mi hijo/a está bajo mi dependencia; en el otro caso, llamo a un vecino o amiga y acordamos que ahora esta persona es la que me va a realizar la compra todos los lunes, está persona está fuera de mi grupo familiar (es otra entidad), le doy los recursos y la competencia de hacer la compra, es decir, descentralice la compra semanal.

Desistimiento: Acto mediante el cual la parte actora abandona el procedimiento, tanto a nivel judicial como procedimiento administrativo. OJO, se desiste de acciones.

Diligencias Previas: Actuaciones iniciales en un proceso penal para investigar un delito.

Ejemplo: Interrogatorio de testigos tras una denuncia por robo.

Día hábil: Aquellos que la ley designa como idóneos para el computo de plazos o realización de determinados actos. Estos tienden a contarse de lunes a viernes que es cuando trabaja la administración pública, es decir, tenemos 5 días hábiles por semana por regla general. Es super importante saber computar para no tener fallos en los procedimientos que tengamos bajo nuestra competencia o por si nos abren un procedimiento a nosotros, estar y cumplir los plazos de forma adecuada.

Día inhábil: Es aquel que no computa a la hora de establecer la fecha de cumplimiento de un plazo administrativo, estos son los sábados, domingo y festivos.

Día natural: Todos los días del año, hay procedimientos que especifican que los plazos se cuentan cómo días naturales, ejemplo la notificación electrónica en el procedimiento administrativo, establece que se pone a disposición en el portal para que el interesado la vea, y que estos son 10 días naturales y si no la ve se entiende por hecha, cuando hablamos de días naturales hay que dejar transcurrir igualmente el día integro, es decir, la entiendo rechazada el día 11, ya que la persona puede consultar la notificación el día 10 a las 23:59 pm.

Discapacidad: Situación que se encuentra una persona que debido a sus condiciones físicas, sensoriales, intelectuales o mentales duraderas, encuentra dificultades para su participación e inclusión social.

Eficiencia: Capacidad de lograr resultados con el mínimo uso posible de recursos.

Eficacia: Capacidad de alcanzar metas u objetivos en un tiempo determinado.

Lo ideal es que la administración y los funcionarios sean eficaces y eficientes a la vez, igualmente pasa en la empresa privada, pero puede suceder que seas una persona muy eficaz a la hora de cumplir objetivos, pero seas ineficiente, ya que desperdicias y gastas más recursos de los esperados o estimados.

Estado: El Estado (país) es un conjunto de elementos que deben existir para ser persona jurídica y cumplir unos fines para los cuales se conformó, dichos elementos son: tener territorio, tener gobierno, una población y otros autores (en los que estoy de acuerdo) hay que tener también relaciones internacional y reconocimiento de otros como países como tal. Si analizas estos elementos te darás cuenta que tu país dispone de ellos y son necesarios tener todos, ya que si tienes territorio y población pero no gobierno (forma de organización, poderes públicos, etc) eres una pueblo nómada, si tienes territorio y gobierno, eres un rey de nada, si tienes población y gobierno y no territorio donde asentarte, lo mismo, y luego si tienes estos tres pero nadie te reconoce como Estado, es complicado, ya que el reconocimiento del Estado te vuelve un sujeto con capacidad jurídica, es decir capaz de tener derechos y obligaciones.

Estado de derecho: Hablamos de que existe un Estado de derecho, cuando las leyes están por encima de cualquier autoridad o poder público, siendo esta siempre la que marque la pauta de convivencia y no del gobernante de turno, es decir, la supremacía de la ley, y que todos los ciudadanos y los poderes públicos somos responsables e iguales ante la ley sin distinción.

Entidad: Colectividad considerada como una unidad, y en especial, cualquier corporación, compañía, institución, entre otras, este término es más usado para referirse a los Ayuntamientos y las distintas formas de agrupación territorial que permiten las leyes españolas, como lo son las Mancomunidades, Áreas Metropolitanas o Comarcas.

Equidad: Muy confundido con la igualdad, la equidad es darle a cada cual lo que le pertenece acorde a sus características y condiciones particulares. El ejemplo de esto es la imagen que circula por internet de los niños de diferentes estaturas y con unas cajas para poder ver un juego de baseball desde una valla.

Expropiación: Privación forzosa de la propiedad por parte del Estado por motivos de utilidad pública. Toda expropiación debe venir acompañada de un justi precio, es decir el Estado debe pagar por ello, no quitártelo y ya.

Ejemplo: Expropiación de terrenos para construir una carretera.

Fuerza Mayor: Suceso imprevisto e inevitable que exime del cumplimiento de una obligación.

Ejemplo: Un desastre natural que impide la entrega de un producto contratado.

Hecho Imponible: Suceso que, al ocurrir, genera la obligación de pagar un impuesto.

Ejemplo: La compra de un inmueble genera el pago del impuesto sobre transmisiones patrimoniales.

Igualdad: Conformidad de algo con otra cosa en naturaleza, forma, calidad o cantidad, esto es un concepto muy plano, luego podemos decir también que igualdad, es el trato idéntico que un organismo, empresa, asociación, grupo o persona le brinda a las personas sin que medie ningún tipo de reparo por la raza, sexo, clase social y otra circunstancia plausible de diferencia.

Es decir, si todos somos iguales ante la ley me tienen que atender en un sitio indiferentemente de mi color de piel, sexo, creencia religiosa, origen, nacionalidad, etc.

Inadmisión: Rechazo de una demanda, recurso u otro acto procesal por no cumplir con los requisitos legales.

Ejemplo: Inadmisión de un recurso de alzada por haberse presentado fuera de plazo.

Indemnización: Compensación económica por un daño o perjuicio sufrido.

Ejemplo: Indemnización por daños materiales en un accidente de tráfico o por la prestación de un servicio público.

Incapacidad: Situación jurídica en la que una persona no puede ejercer sus derechos por falta de aptitud legal, ejemplo un menor de edad no puede firmar contratos por sí mismo, también esto puede referirse a una persona con una enfermedad que le incapacita el trabajo.

Incomparecencia: Falta de asistencia de una de las partes a un acto procesal al que ha sido citada.

Ejemplo: Incomparecencia del demandado a una audiencia judicial o a un procedimiento administrativo como interesado.

Informe preceptivo: Documento que proporciona una valoración sobre un determinado asunto, puede ser negativo o positivo, siendo de carácter obligatorio y tenido en cuenta para resolver un asunto en un procedimiento.

Infracción: Transgresión, quebrantamiento de una ley, pacto o tratado, o de una norma moral, lógica o doctrinal, es decir, realizar una conducta tipificada como tal, ejemplo una persona que se cuela en el metro y la pillan comete la infracción de viajar sin título de transporte valido.

Interesado: Persona que tiene un interés en determinado asunto de que se trate, este término es el de los más usados y repetidos en la ley de procedimiento administrativo común, cuando hablamos de ser interesado, es de un interés legítimo en un asunto, no por el simple hecho de que algo me dé curiosidad y ya me considero interesado así de forma ligera.

Ejemplo: si un ayuntamiento está resolviendo un concurso de cesión de espacios entre las asociaciones A y B, no puede venir la asociación C de otro barrio o municipio a participar en el procedimiento por no tener interés legítimo en él.

Irretroactividad: Principio constitucional y establecido en otras normas del ordenamiento jurídico, que prohíbe la aplicación de los efectos de las normas a situaciones o hechos surgidos o acontecidos antes de su entrada en vigor, es decir, en palabras coloquiales, las leyes no pueden ir hacia atrás, a menos que la misma ley lo establezca y definiendo los casos concretos.

Es importante señalar que por ejemplo en el derecho penal, se tiende a aplicar la retroactividad de la ley nueva, si esta beneficia al reo, no pudiendo perjudicarlo más de la pena que ya tenga. Esto obviamente, tiene mucho debate en la sociedad.

Juez: Autoridad judicial encargada de resolver conflictos y aplicar la ley en casos concretos.

Ejemplo: Un juez dicta sentencia en un juicio penal.

Justicia: Principio moral de darle a cada quien lo que le corresponde con el fin de buscar y obtener el bien común.

Jurisdicción: Poder o autoridad para aplicar el derecho en un determinado ámbito o territorio.

Ejemplo: Jurisdicción civil de un juzgado sobre conflictos entre particulares, o la limitación territorial donde un ayuntamiento ejerce sus competencias, ese territorio es su jurisdicción.

Jurisprudencia: Conjunto de decisiones y sentencias de los tribunales que interpretan la ley.

Ejemplo: Una sentencia del Tribunal Supremo que establece un criterio interpretativo sobre una norma.

Legislación: Conjunto de leyes y normas que regulan una materia en un país.

Ejemplo: Legislación laboral que regula los derechos y obligaciones de trabajadores y empleadores.

Legitimación: Capacidad legal para actuar en un proceso judicial o para ser parte en un contrato.

Ejemplo: Un heredero tiene legitimación para reclamar su parte en una herencia.

Lesividad: Condición de un acto que resulta perjudicial o dañino, y por ello susceptible de impugnación.

Ejemplo: Un acto administrativo que perjudica a un ciudadano puede ser impugnado por su lesividad.

Leyes estatales: hay de dos tipos, las leyes orgánicas y las leyes ordinarias:

Leyes orgánicas: son aquéllas que regulan y/o desarrollan aspectos jurídicos fundamentales como los derechos fundamentales y las libertades públicas, aprueban los Estatutos de Autonomía, el régimen electoral general y las previsiones establecidas en el artículo 81.1. de la CE. Los Estatutos de Autonomía tienen la consideración de Ley orgánica, pero constituyen, al mismo tiempo, la primera norma del ordenamiento jurídico autonómico, después de la Constitución.

Leyes ordinarias: son las que regulen el resto de los temas y cuestiones.

Leyes autonómicas: son las aprobadas por los Parlamentos autonómicos de acuerdo con el principio de potestad legislativa que tienen en su ámbito territorial, y solamente pueden regular las materias y los aspectos que estatutariamente son de su competencia.

Libertad: Una palabra con una gran discusión filosófica, podríamos decir que es la facultad que tiene una persona de obrar de una manera, u otra o de no obrar, siendo responsable de sus actos.

Mandato: Contrato por el cual una persona (mandante) encarga a otra (mandatario) que realice un acto jurídico en su nombre.

Ejemplo: Otorgar un poder a un abogado para que me represente en un juicio.

Mediación: Así como tenemos el arbitraje y la conciliación, tenemos la mediación como método alternativo de resolución de conflictos, donde un tercero neutral ayuda a las partes a llegar a un acuerdo.

Ejemplo: Mediación en un conflicto laboral para evitar un juicio, o un mediador para buscar una solución en una comunidad de vecinos.

Medio electrónico: Mecanismo, instalación, equipo o sistema que permite producir, almacenar o transmitir documentos, datos e informaciones, incluyendo cualesquiera redes de comunicaciones abiertas o restringidas como internet, telefonía fija y móvil u otras.

Ejemplo de ello es cuando hacemos solicitudes por vía telemática a una consejería o el ayuntamiento solicitando una información, cumplimentando un formulario, realizando un trámite, etc y esto lo hacemos por la página web destinada a ello, siendo este el medio.

Mérito: Acción que hace a una persona merecedora de estatus y posiciones o acreedora de un determinado cargo o beneficio, trayendo este concepto a algo más perceptible tenemos los concursos de méritos para ser funcionario o ascender, en donde toman en cuenta nuestra labor, años de experiencia, formación, entre otras para saber quién es más idóneo para determinado cargo.

Medidas cautelares o preventivas: Se usan para garantizar el cumplimiento de una obligación tanto en materia administrativa como judicial.

Ejemplo de ello sería: el embargo preventivo de bienes o suspensión de una licencia de construcción para resolver el asunto que se trate.

Notificación: comunicación o puesta en conocimiento de una decisión administrativa que afecte a los derechos o intereses de cualquier persona física o jurídica, pudiendo ser electrónica o física.

Negligencia: Falta de cuidado o diligencia que causa daño a otra persona.

Ejemplo: Un médico que comete un error en una cirugía por no seguir el protocolo adecuado.

Nulidad: Ineficacia jurídica de un acto o contrato por contravenir la ley o faltar requisitos esenciales.

Ejemplo: Nulidad de un contrato de compraventa por vicios ocultos.

Ordenanzas: Es un tipo de norma jurídica, comúnmente usada por los ayuntamientos, podríamos decir que son las leyes locales, igualmente subordinadas a un ordenamiento jurídico.

Órgano: Entes públicos creados bajo la dependencia o vinculación de la

Administración del Estado para la realización de las funciones propias de ésta cuando sus características justifiquen su organización y desarrollo en régimen de descentralización funcional.

Organización territorial: Tiene que ver con las estructuras de gestión y gobierno de las divisiones administrativas públicas, está relacionada con el desarrollo y la gestión de actividades económicas y sociales, y debería contribuir al bienestar social de la población, así como a la preservación de nuestro medio ambiente.

En el caso de la organización territorial española, viene establecida en su **artículo 137**:

El Estado se organiza territorialmente en municipios, en provincias y en las Comunidades Autónomas que se constituyan. Todas estas entidades gozan de autonomía para la gestión de sus respectivos intereses.

Perjuicio: Perdida que afecta al valor o a la integridad de una cosa, o al bienestar, a la economía o a la estimación moral de una persona. También nos encontraremos en distintas leyes procedimiento o situaciones que llevan la coletilla "sin perjuicio de", lo que quiere decir es, que la decisión que se tome no puede ir contra la obligación que existe, sin daño o perdida de otro derecho.

Ejemplo: Imaginemos que tenemos una casa con un terreno, el vecino del lado tiene un árbol cuyas ramas pasan al lado de mi patio y justo dan sobre una parte de mi casa, las distintas oportunidades le digo que tiene que podarlo porque aparte el árbol se ve que está en mal estado o podrido, el vecino me ignora y un día se escucha un gran golpe, se han caído las ramas encima del garaje rompiendo el techo, causándome un daño o perjuicio.

Persona natural: Toda persona de la especie humana.

Persona jurídica o moral: Entidades con derechos y obligaciones que existen, pero no como persona física, sino como una institución que es creada por una o más personas físicas u otras personas jurídicas para cumplir un objetivo social, siendo con o sin fines de lucro.

El Estado, el ayuntamiento, una ONG, una fundación, una asociación de vecinos, una empresa, corporación, son todas personas jurídicas.

Poderes públicos: Conjunto de órganos e instituciones que tiene un Estado, para ejercer de forma eficaz los cometidos conferidos por la constitución o su ley fundamental.

Los tres poderes públicos clásicos son: Ejecutivo, Legislativo y Judicial, pudiendo existir otros en algunos países.

Plazo: Espacio señalado en el tiempo para realizar algo, o vencimiento del mismo.

Pluralismo político: Principio constitucional que se manifiesta a través de los partidos políticos con estructura y funcionamiento democráticos, y que tienen en la libertad ideológica el fundamento necesario para la definición de su identidad política.

Prescripción: Extinción de un derecho o acción por el transcurso del tiempo, no confundirla con caducidad, la prescripción es por tiempo prolongado y la caducidad tiempos más cortos, la prescripción es por inactividad y la caducidad normalmente por dejar de cumplir una obligación.

Ejemplo: La prescripción de una deuda después de cinco años sin ser reclamada.

Ratificación: Aprobación o confirmación de un acto o contrato.

Ejemplo: Ratificación de un acuerdo extrajudicial por las partes en un juicio.

Real decreto: En el derecho español, es una disposición general dictada por el Rey, a propuesta del presidente del Gobierno o del Consejo de Ministros, adoptada en virtud de la potestad reglamentaria de estos. Como tal, es jerárquicamente inferior a la ley, aunque superior a otras normas reglamentarias.

Recurso de Amparo: Mecanismo para proteger derechos fundamentales ante el Tribunal Constitucional.

Ejemplo: Recurso de amparo por la violación del derecho a la libertad de expresión.

Recurso de alzada: En otros países este recurso directamente se conoce como recurso jerárquico, **viene establecido en el artículo 121 de la ley 39/15:**

*Las resoluciones y actos a que se refiere el artículo 112.1, cuando no pongan fin a la vía administrativa, podrán ser recurridos en alzada ante el **órgano superior jerárquico del que los dictó**. A estos efectos, los Tribunales y órganos de selección del personal al servicio de las Administraciones Públicas y cualesquiera otros que, en el seno de éstas, actúen con autonomía funcional, se considerarán dependientes del órgano al que estén* *adscritos o, en su defecto, del que haya nombrado al presidente de los mismos*

Supongamos que un coordinar de una oficina, es el competente para resolver el procedimiento, este dicta la resolución y nosotros no estamos de acuerdo, y la resolución nos permite colocar recurso de alzada, en él, alegaremos lo que consideremos pertinente para que suban el expediente a su superior jerárquico, en este supuesto, el director de la oficina para que revise el procedimiento y lo que se resolvió, luego este director dará otra resolución o no, al recurso.

Recurso potestativo de reposición: Este recurso es colocado ante el mismo órgano que dicto la resolución, más que todo para revisar algún aspecto que consideremos del procedimiento se llevo de forma errónea, se apreció mal alguna prueba, etc, **viene contemplado en el artículo 123 de la ley 39/15:**

> *Los actos administrativos que pongan fin a la vía administrativa podrán ser recurridos potestativamente en reposición ante el mismo órgano que los hubiera dictado o ser impugnados directamente ante el orden jurisdiccional contencioso-administrativo*

Recurso extraordinario de revisión: Este recurso, tiene sus peculiaridades, debe cumplir unos supuestos de hecho para ser interpuesto, establecido en el **artículo 125 de la ley 39/15:**

1. Contra los actos firmes en vía administrativa podrá interponerse el recurso extraordinario de revisión ante el **órgano administrativo que los dictó**, que **también** será **el competente para su resolución**, **cuando** concurra alguna de las **circunstancias** siguientes:

a) Que al dictarlos se hubiera incurrido en **error de hecho**, que resulte **de los propios documentos incorporados** al expediente.

b) Que **aparezcan documentos** de valor esencial para la resolución del asunto que, aunque **sean posteriores**, **evidencien el error** de la resolución recurrida.

c) Que en la **resolución** hayan **influido** esencialmente documentos o testimonios **declarados falsos por sentencia judicial firme**, anterior o posterior a aquella resolución.

d) Que la **resolución** se hubiese **dictado** como consecuencia de **prevaricación, cohecho, violencia, maquinación fraudulenta u otra conducta** punible y se haya declarado así en virtud de **sentencia judicial** firme.

2. El recurso extraordinario de revisión se interpondrá, cuando se trate de la **causa a)** del apartado anterior, dentro del plazo de **cuatro** años **siguientes** a la fecha de la **notificación de la resolución impugnada**. En los **demás casos**, el plazo será de **tres meses** a contar

desde el conocimiento de los documentos o desde que la **sentencia judicial quedó firme**.

Lo primero, el recurso es extraordinario, recordar siempre eso, segundo, se interpone ante el mismo organismo que dicto resolución y él mismo tiene que resolver el recurso extraordinario.

Luego, para entender mejor ese apartado dos, en el caso A, descubrimos o nos damos cuenta que hay un error de hecho (error que cambia el fundamento y resultados de la resolución), tenemos 4 años para interponer este recurso; en los demás casos se descubre por medios propios o mediante contencioso administrativo que hubo falsificación de documentos, documentos que tienen valor esencial, hubo cohecho, manipulación, declaraciones falsos, etc, a penas tengamos la sentencia judicial, tenemos 3 meses para interponer el recurso extraordinario de revisión.

Recurso contencioso administrativo: Se interpone luego de agotar la vía administrativa, pasando a la esfera de los tribunales como instancia superior, en ella reclamaremos la resolución del organismo, por considerar que nos perjudica o lesiona derechos.

Reglamento: Colección ordenada de reglas o preceptos, que por la autoridad competente se da para la ejecución de una ley o para el régimen de una corporación, una dependencia o un servicio.

Es decir, el reglamento nos va a dar las pautas y el paso a paso de como ejercer, aplicar y ejecutar una ley, es de las normas más inferiores en la jerarquía legal.

Resolución administrativa: Documento que contiene una medida o decisión por alguna autoridad con facultades para ello.

Resolución Judicial: Decisión de un juez que pone fin a un proceso o lo resuelve en una fase determinada.

Ejemplo: Resolución judicial que dicta una sentencia en un caso de divorcio, o siguiendo el contexto anterior, la resolución del recurso contencioso que interpusimos.

Retroactividad: Como se mencionó en la irretroactividad que la ley no puede ir hacia atrás, la retroactividad es cuando se permite que la ley pueda ir hacia atrás en determinados casos para beneficio de una persona o volver a revisar el estado de una causa.

Renuncia: Mientras que en el desistimiento abandonamos la solicitud, en la renuncia abandonamos el derecho que se pretende hacer valer.

Supongamos que solicitamos una beca, y comienzan a pedir papeles, pasan plazos, nuevamente nos piden cosas y va pasando el tiempo y nos obstinamos y renunciamos al procedimiento, es decir renunciamos al derecho de que nos den esa beca en particular.

Sanción: Consecuencia jurídica del incumplimiento de un deber.

Siguiendo el ejemplo que usamos anteriormente, donde me cuelo en el metro y me pillan, el colarse es la infracción por no tener título valido, y la sanción es la correspondiente multa que este establecida en los reglamentos de viajeros.

Soberanía: Ejercicio de la autoridad en cierto territorio, la independencia, la soberanía también contempla la autodeterminación, es decir, decidir y resolver sobre los asuntos propios frente otras autoridades extranjeras.

Supra nacional o supra constitucional: Este término lo veo más aplicado justamente a países europeos, los cuales a través de la Unión Europea, han cedido parte de esa soberanía nacional a un organismo superior que les permite coordinarse y ejecutar políticas mancomunadas; esa autoridad supra nacional también conlleva lo supra constitucional, es decir, hay Directivas y reglamentos que aprueba la Unión Europea que deben aplicarse directamente en cada país miembro, lo que implica reforma de leyes internas para adaptarlas a la Unión Europea, habiendo leyes europeas por encima de la constitución española o algunos tratados internacionales firmados y ratificados por España que otorgan más beneficios, derechos y libertades que las así establecidas en su constitución.

Término: Último punto hasta dónde llega o se extiende algo, para este caso en el derecho administrativo podemos hablar de un término en referencia de tiempos, como les comenté antes el plazo era: "Espacio señalado en el tiempo para realizar algo, o vencimiento del mismo", el término nos va a indicar un día exacto y preciso de cuando hay que realizar algo o se vence el mismo.

Para entender esto mejor, un procedimiento nos puede estipular que tendremos el plazo de 10 días para alegar pruebas, es decir, puedo presentar las pruebas el día 1, el 4, 5, o el 6, o 9, en cualquiera; mientras que el término nos dirá tipo, la presentación de pruebas se realizará al día decimo de la notificación, es decir cuando me notifiquen, debo esperar 10 días y ese día es que puedo presentarlo, ni antes ni después.

Espero que te este pequeño manual te sea de utilidad, para comprender mejor los términos básicos del área de derecho, pero de común aplicación tanto en el día a día como en el estudio para tu oposición.

Te invito a que, si quieres ver más contenido o quieres realizarme alguna pregunta, puedes seguirme en mi canal de YouTube o RRSS.

 @soymferreira

 @soymferreira

 @soymferreira94

Pirámide de jerarquía de las leyes en España y político territorial.

- DERECHO COMUNITARIO
- CONSTITUCIÓN
- TRATADOS INTERNACIONALES
- LEYES (ORG Y ORDI)
- DECRETOS LEY Y LEGISLA
- LEYES AUTONÓMICAS
- ORDENANZAS
- REGLAMENTOS
- CONVENIOS COLECTIVOS
- USO Y COSTUMBRE

MICHAEL FERREIRA

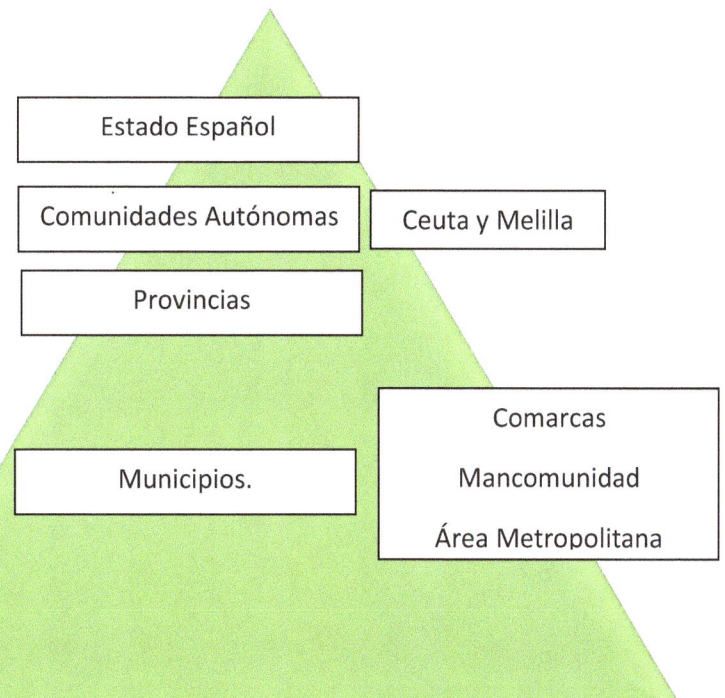

www.ingramcontent.com/pod-product-compliance
Lightning Source LLC
Chambersburg PA
CBHW070400230526
45471CB00006B/2649